人間とはどのようなものか

リーダーがもつべき資質と役割

宇宙を貫く二つの大きな力

生き方の神髄 5

装丁・造本　菊地信義＋水戸部功
本文ＤＴＰ　山中 央
編集協力　京セラ株式会社　稲盛ライブラリー
京セラコミュニケーションシステム株式会社
株式会社鷗来堂
編集　斎藤竜哉（サンマーク出版）

本書は、一九九四年十月十七日に行われた「京セラフィロソフィ勉強会」での講話をCDに収録し、その内容を書籍にまとめたものです。講演会場にて録音された音源のため、一部お聞き苦しい箇所がある場合がございます。どうかご了承ください。

書籍は収録した講話を文章にしたものですが、読みやすくするために、一部表現を変えるなど編集を加えてあります。

リーダーとしてのあり方

人間とはどのようなものか

人間のもつ魂は、神や仏と同じもの

今日は、リーダーのあるべき姿ということでお話をしてみたいと思います。

まず、リーダーとしてあるべき姿というものをお話しする前に、「人間とはどんなものなのか」ということから、お互いに考えてみてはどうだろうかと思うのです。

まず考えつくことは、我々人間の魂のレベルで考えれば、（すべては）みな同じものだということが、宗教界でも哲学界でもいわれています。

仏教界においては、たとえば比叡山の天台宗では「山川草木《さんせんそうもく》、悉皆成仏《しっかいじょうぶつ》（山も川も草も木も、ことごとくみな仏なり）」という表現をします。

つまり森羅万象、この世に存在するものすべては仏の化身、仏が姿を変えたものだという言い方をします。また、最近有名になっている、インドの神の化身といわれるサイババという方のことは、みなさんも耳にされたことがあると思います。

サイババは自ら、自分が神の化身だと言っていますし、そのサイババにいろんな人が会って話を聞いたり質問をしたりするなかで、サイババはよく「あなたも、私と同じように神なんです」と言っています。

「それは自覚をしているか、していないかというだけの違いである。私は神の化身だということを自覚しているけれども、みなさんは自覚していない」――そういう表現をしています。

あるいは、ヨガや瞑想《めいそう》などをやっている人たちのなかには、瞑想をして意識を精妙なもの、静寂なものにしていくと、ある境地、ある意識状態に達していくという人もいます。

その意識状態とは純粋意識、かぎりなく透明感のあるクリーンで静寂で精妙な、そういう意識に到達するといいます。

我々は日常、外界からあらゆる情報を五感を通して受けていますから、我々の意識は、実はひじょうに波動の激しい荒れた状態になっています。

それが、外界の情報を遮断し、精神を統一し、意識を静寂に保って心を鎮めていくと、最終的には純粋意識、かぎりなく透明感のある精妙で静寂な意識になるといわれています。

一つの存在があらゆるものを演じている

そういう意識状態を、多くの人は「ただ存在する」としかいいようのない精神状態。たいへんな至福感、幸せ感に満ちみちた気持ちになり、自分自身がたしかに存在しているという意識はあるけれど、それ以外はまったく消えてしまった状態。「存在」としかいいようのないものと表現しているわけです。

井筒俊彦という哲学者の方が、「瞑想を通じて存在としかいいようのない状態を体験すると、自分だけではなく、森羅万象あらゆるものが存在としかいいようのないものに感じられる」と言っておられます。

つまり、先ほど言った天台宗の「山川草木、悉皆成仏」、みなことごとく仏だというのと同じで、森羅万象すべてのものが存在としかいいようのないものに感じられるというのです。

井筒俊彦という哲学者が、その体験から、こういう表現をしているということを、女優の岸田今日子さんが日本経済新聞の「読書日記」のコラムに書いておられて、私はたいへんびっくりしました。

それは井筒俊彦さんが「私は存在としかいいようのない心理状態、意識状態になった」、そして「人はよく、ここに〝花が存在する〟というけれども、それは〝存在が花している〟というほうが適切だ。私自身は存在としかいいようのないもの、いや私だけでなく、森羅万象あらゆるものが存在としかいいようのないものという状態になったその意識で見ると、〝花が存在している〟というより〝存在が花している〟という表現が正しいのではないか」ということを言われた。

京都大学名誉教授の河合隼雄先生が、自分の著書のなかでその言葉を引用して、「井筒俊彦という哲学者がそういうふうに言っておりますが、その言葉を使わせていただければ、こうして見た花に対して、関西弁で『ああ、あんた、花してはりまんの。わて、河合してまんねん』」と書いておられます。

私という存在は、京都大学名誉教授の河合隼雄という人間を演じていますということで、「あなたは花してはりまんの、あなたは花を演じてはりまんの。私は京都大学の名誉教授、河合隼雄を演じています」と表現されている。

そういうことを河合隼雄先生が著書に、井筒俊彦さんの言葉を引用して書いておられたのを、女優の岸田今日子さんが読んで、いたく感銘を受け、日経新聞の「読書日記」に書いておられました。

仏教哲学にも、また現代の神の化身といわれるサイババの言葉にも、そしてヨガや瞑想をしていらっしゃる方々、哲学者にも、森羅万象、人間はもちろんあらゆるものは、実は共通の一つのルーツからできているという意識があるようです。

人間とは、という概念をひと言でいうとすれば、どうもそうなのかもしれません。

能力の開き方は、一人ひとりすべて違う

地球上には数十億人の人が住んでいますが、一人ひとり、顔かたちから姿格好まで全部違います。同じようにすべての個々人が、みんな違った能力を身につけてこの世に生まれてきています。

つまり、存在としては同じなのに「あんた、花してはりまんの。わて、河合してまんねん」「あんた、カ

シハラしてはりまんの。わて、稲盛してまんねん」というように、すべてが現世で違った演じ方をしているわけです。

みなさんも人の親ですから、子供が生まれるといえば、自分の子供が五体健全で生まれてきてほしいと思い、生まれてくれれば、最初にわが子を見て、五体健全であることを喜ぶ。それが普通一般の親でありましょう。

また、かわいそうにも若干の障害をもって生まれた子がいたとしても、この程度の障害であったから、まだよかったと、こう思うでしょう。

ヘレン・ケラーのように何重苦と背負って生まれてきても、それを克服して、自分よりもっと不遇な人々のためにということですばらしい生涯を送る人もおられます。

つまり我々は、一人として同じ能力をもって生まれてきてはいないわけです。そして、その能力というのは、自分が希望して、自らが望んでこの世にもって出てきたわけでもありません。

ですから、いま意識をもっている我々としては、「偶然そういうものを所有していた」としかいいようがないわけです。

自覚をし、意識した瞬間に、そういうものをもっていたというだけであって、それは本人にとっては偶然の所産でしかありません。

その能力の持ち主が自分である必要はない

ではなぜ、そういう能力の違いがあるのか。

先ほど言った五体健全であることも能力の一つですが、なぜその能力の違いが千差万別あるのか、なぜ数十億人いる地球上の人類のなかで、そういう差をつけて生まれてこなければならないのか。

みなさんも考えてみたらわかると思いますが、能力の違い、能力の多様性がなぜ必要なのか。それは多様なる社会を形成するためには、バラエティに富んだ多様な能力をもった人たちが、この世に住む必要があるからだろうと思います。

神様が、同じような均質な、そろった能力の人だけをこの世に送り出していたならば、おそらく社会は構成できなかったでしょう。

頭のいい人、さほどでもない人、頭の悪い人、頑健な人、病弱な人、一人として同じ人はいない。そういう多様な人がいっぱい集まって、この多様な社会がつくられています。

社会を形成するためには、そのような違い、つまり多様性こそ必要だと神が認めるから、多様な能力を我々に与えてくれているのだろうと思います。

つまり、神様は多様な能力をもった人たちがこの世に存在することによって社会を構成しようと思われるから、たとえば私個人に、あなた個人に、そういう能力を与える必然性はなかったわけです。

社会を構成するために、ある能力の人の数はこのくらい必要だった、また運動神経が発達した人、頑健な人はこのくらいの比率で必要だったというだけのことです。

稲盛和夫という存在に能力があり、頭がいい状態を与えてくれる必要はないのであって、稲盛和夫でなくともカシハラでもいい、誰にそういう能力を与えてくれてもいいわけです。

社会を形成するために、もし京セラという会社がこの世に必要であるとするなら、必要なのは京セラという会社であって、その京セラという会社をつくるのは稲盛和夫である必要はない。

ウエダであれ、カンダであれ、ヤマダであれ、誰であっても、そういう会社をつくる人がありさえすればすむわけです。

もともとはみな同じように、存在としかいいようのない個体であったはずで、たまたま稲盛和夫を、私が演じさせていただいている。とすると、私がもっている能力というのは、社会を構成するためにたまたま必要であって、稲盛和夫個人に必要だったのではない。

ある一定の人口にそういう能力をもった人間が、確率的に、ある量存在すれば社会は形成できるわけで、その必要な能力がたまたま私という男に授かったと考えることが公平であり、妥当ではないかと思うのです。

つまり能力の私物化を否定する思想です。能力というのは、社会を構成するために、社会に多様性を与えんがために、神がたまたま自分に与えたもうたものなのです。

ですから、もし、生まれつき身障者であったとしても、それは悲しむことではありません。そういう障害をもって生まれたことで社会のためにそれなりに貢献できるように、神様がつくられたわけで、自分だけがなぜこんな目に遭わなければならないんだといって嘆き悲しむ必要はないのです。

誰であってもよかった。それがたまたま自分に回ってきた。そういうふうに理解すべきだろうと、私は思います。

まず「人間とはどういうものなのか」ということを、お話ししました。

リーダーがもつべき資質と役割

リーダーとは、死力を尽くして集団を守る人

一方、みなさんは私も含めて、会社のリーダーとして仕事をしています。集団のリーダーというのは何なのでしょうか。

私はリーダー論というものを本格的に勉強していませんが、リーダーとは、集団が存在するから必要なのであって、その集団がより安全に生きられるようにリードしていく、導く責任があるのだろうと思います。

集団を導くとかリードするという言葉は、指導するということになりますから、そういう表現はいかがなものかという気がしますので、言葉を換えると、集団を助けるもの、自己犠牲を払ってでもその集団を助ける人、そういう人がリーダーではないかと思います。

それは、我々崇高な人類と違い、原始的な動物の世界を見てもわかります。

先日、テレビでやっていましたが、たとえばアフリカのマウンテンゴリラは、背中が銀色の毛で覆われているシルバーバックと呼ばれるリーダーになると、何百キロという巨体で、雄々しく数十頭の集団を引き連れて、餌を探して山を移動していくわけです。

敵が近づいてきて危険にさらされると、リーダーが真っ先に外敵に立ち向かっていく。そういう様がテレビに映し出されていました。

どんなに強そうなゴリラでも、やはり恐怖心に満ちているだろうと思います。見たこともない外敵に立ち向かうということは相当な勇気が要るはずです。しかし、集団を助けるという思いをもつこと、それがリーダーの資格であるわけです。

集団を守ろうとしない、助けることをしないリーダーは、おそらく集団から見放されます。

嵐山の日本猿の集団を見ても、どの動物の社会を見ても、勇気のない、自己犠牲を払ってでも集団を助けるという努力をしないリーダーは、たちまち見放されて失脚してしまうということを、我々は知っています。

一度テレビで、野牛のヌーの大群が乾季から雨季にかけてアフリカを縦断して、千キロもの距離を移動していく様を見たことがあります。

そのなかで、雄々しい一頭のヌーが先頭を切って集団を引っ張っていました。途中には砂漠あり川あり、そのなかを勇猛果敢に集団を引っ張っていました。

やはりリーダーというのは、ああいう動物の世界でも、降りかかるいろんな艱難《かんなん》を、集団のために率先して苦労を背負い込んでいくんだなと思って見ていました。

同じく集団で移動する動物に、北極のカリブーがいます。鹿の一種ですが、ツンドラに生えた苔《こけ》を求めて何百キロと極寒の地を移動していきます。その場合も、すばらしい角を矯《た》めた雄のリーダーが集団を引っ張っていきます。

我々がこうして、それぞれの職場でリーダーや責任者に選ばれるということは、それ相応の能力があるからこそ、みんなから、または上司から選ばれ、部下からも信頼されてリーダー、責任者という地位に就くのだろうと思います。

能力がなければ、たとえ長年その集団にいたとしても選ばれないはずです。能力があったからこそ、責任者やリーダーに選ばれたはずです。その能力を、動物の世界でも集団のために私物化しないで使っているわけです。ああいうプリミティブな動物の世界においてすらそうなのです。

もし、ヌーの世界でも、またはカリブーの世界でも、頑健な、本来ならリーダーとして充分な才能を発揮できるヌーやカリブーが、自分だけのためにその能力を使って集団を見捨てたならどうなるか。

もし自分だけが神に与えられたすばらしい才能、たとえばすばらしい嗅覚を使って、水のあるところを探し当てられる能力をもって、本来なら水の匂いのする沼辺へ集団を連れていかなければならないのに、それは嫌だ、自分だけ水を飲めればいいというのでその能力を私物化したなら、どうなるでしょうか。

その能力を集団という社会のために使わないで、自分のためだけに使ったということになれば、これは神の意思に反することだろうと思います。

全身全霊を集団に注入するのがリーダーの使命

私は京セラをつくったときに、自分が会社のリーダーとして全従業員の幸せを、また行く末を、どういうふうにリードしていけばいいのか、そういうことを考えてくるなかで、「この集団に命を注入できるのは、トップに立つリーダーの私しかいない」ということに気がつきました。

私が私個人である間は、集団は命を止めてしまう。私は四六時中、私個人を離れて、集団に命を注入する必要がある。

でなければ集団は、私が個人にかえった瞬間、個人で存在する時間の間、活動を止めてしまう。その活動が止まっている累積された時間そのものが、会社の発展を阻害する要因になる。

そう思えば、自己犠牲を払うとか、能力を私物化してはならないという以前に、私自身は、集団のために全身全霊を注入しなければならないということに、自然と気がついていったのです。

私は集団の長でなくても、個々人が社会のために、また世の中のために貢献する、そういうことが生きるということのなかではもっとも大事な要素であると思っています。

稲盛財団を設立したときの理念に「人のため、世のために尽くすことこそ人間として最高の行為だと私は信じ、この財団をつくりました」という一節があります。それは個人であっても、世のため人のために貢献することが、人生にとってもっとも大事なことだと信じているからです。

　ましてや、集団のリーダーとなればなおさらです。その行動が自分自身にしか影響しない個人においてすらそうなのですから、集団の長であればなおさら能力を私物化することがあってはならない、その集団のために貢献をしなければならないと思います。

　また、そういうリーダーに恵まれていない集団は、たいへん不幸です。その集団の人たちがみな等しく幸せを感じられるのは、集団の長にそういう人を選んだときなのです。

宇宙を貫く二つの大きな力

つねに進化発展していく宇宙の流れ

話を別の角度に少し振ってみましょう。

先ほど「リーダーというのは集団を助ける人です」と言いました。「導くとかリードするというよりは、助けるといったほうがいいのかもしれません」とも言いました。

それは、我々が住んでいるこの宇宙には、大きく分けて二つの力が作用していると考えられるからです。

もちろん、物理学でいう強い力、弱い力、または電磁力とか、ニュートン力学以来の量子力学等を使った理論によれば、現在の宇宙は四つ、五つの力で構成されているというのはご承知のとおりです。

そうではなくて、私が言いたいのは、形而上学的《けいじじょうがく》、哲学的な立場から、大きな二つの力が、この宇宙には作用していると考えていいのではないかということです。

一つは、物理学でいうビッグバン、つまり、ひと握りの高温の素粒子が大爆発を起こして宇宙を形成し、現在も宇宙はさらに膨張を続けているという物理学の定説があります。

当初、数種類の素粒子でしかなかったものが、素粒子同士がくっついて陽子をつくり、中性子をつくり、中間子をつくり、その三つがくっついて原子核を形成する。

その原子核に電子という素粒子がトラップされて原子ができ、その原子がさらに核融合を起こして重い原子になり、原子同士がくっついて分子を形成する。

その分子がさらに多くの分子をくっつけて高分子になり、それが蛋白《たんぱく》を形成し、ＤＮＡ、ＲＮＡという遺伝子が発生し、それらによって生命体が生まれていく。そして今日に見るような地球、宇宙を形成していく。

この力は、つねに進化発展する方向に流れる力です。つまり、当初あった素粒子は永遠に素粒子のままで停止し、存在するのではなくて、素粒子が集まって中間子、中性子、陽子をつくり、それが結合して原子核を形成し、それに電子がトラップされて原子をつくり、原子が核融合を起こしてさらに重い原子を次々とつくり、そして原子同士がくっついて分子をつくり、分子がさらにくっついて高分子をつくりというふうにして、霊長類といわれる人類まで自然はつくってきました。

それは一瞬たりともとどまることなく、進歩、進化発展する方向へ宇宙は流れているということであり、そういう力がこの宇宙には流れているのです。

ここに集まったリーダーのみなさんのなかには、技術屋の方もたくさんおられます。

我々は科学を使ってファインセラミックスを研究し、つくり、世の中の進歩発展に大きな貢献をしていますが、そういうふうに科学を通じて、近世以降、次から次へとすばらしい高度で便利な文明社会をつくっていったのも、いま言ったのと同じ流れです。

つまり、進化発展する方向へ、この宇宙、この世の中、この自然界は流れているわけです。

つねに今日よりは明日、明日よりはあさってと、無生物の世界においてすら進化発展をしています。

植物の世界、あらゆる動物も含めて、また人類は人類で知的な活動を通じて、今日よりは明日、さらにいい方向へ行くように研究、勉強し、進化発展を続けています。

調和し相助け合う、もう一つの力

もう一つの力は、調和です。次から次へと進化発展し、すばらしいものが生まれていきますが、たとえば過去には、恐竜と称するすごい動物が地球上を跋扈《ばっこ》していたといわれています。

宇宙は進化発展する力が流れる一方で、その恐竜が滅びていったように、調和するように、バランスがとれるように働く力もあるわけです。

調和とは、言葉を換えると愛です。調和している状態、バランスのとれている状態は愛、キリストがいう愛です。それはまさに相助け合う力なのです。相助け合わなければ調和しません。それは共存共栄する世界、私が以前から言っている「共生する社会」です。

つまり、お互いが助け合って生きていく、共生するという力が、一方では働いているわけです。

この二つが、宇宙を支配する根源的な大きな力だろうと思います。

まずは進化発展の力のもとに、現在のサイエンスが花開いているわけです。植物、動物の世界で遺伝を通じて、いわゆる遺伝学的に進化をしていくのも、その力の一つの現れです。

一方、我々動物の世界は、あるものがあるものを食べ、食べたものがさらに次のものに食べられるというふうに食物連鎖をしていますが、連鎖の鎖が切れると、その動物の世界はすべて破壊されてしまいます。

この食物連鎖を見てもわかるように、調和がとれていなければ、この宇宙、この社会は成り立たないのです。

たとえば、我々からバイ菌や寄生虫を見た場合は、たいへん悪いものに見えますけれど、そういうものもすべて、食物連鎖のなかで存在するわけです。

それが過大になり過ぎると人類を滅亡させますが、それらが存在することが宇宙に必要であって、そのなかにきれいな調和を保ちながら生きているわけです。

そうしてこの宇宙ができあがっています。どれか一つだけが大きくなっていった場合には、連鎖の鎖が切れてしまい、調和を乱してしまう。そうなれば、もうこの社会はない。

ですから、大きい目で見ればバランスがとれている、調和の方向があるのです。

リーダーの場合にも、この調和をするということが要ります。

調和をするということは、お互いに助け合うということです。助け合うことによって共に生きる、共生する。そういうものが営々と流れているからこそ、この宇宙は存在し得るわけです。

宇宙の根源的なる二つの力の一つ、調和する、助け合う心というものは、個々人であっても、いや動植物であってすら、実はみんなもっているのです。

ましてや人間の集団のリーダーともなれば、その集団のために身を粉にして、自分を忘れて集団を助ける心があって当然です。

自分の集団を助けるということは、宇宙の大きな力の一つを実行することにほかなりません。

個々人においても、動植物においても、それが行われているにもかかわらず、集団の長がそれを忘れてしまうというのでは、とんでもない話です。

二つの力が交差する領域へと集団を導く

では、その二つの力というのは本当にあるのかと、みなさんお考えになるかもしれません。

たとえば進化発展するという力を縦軸Yにとりましょう。これは上のほうに上がっていくに従って進化していきます。

また、調和がとれた、助け合うという力を横軸にとりましょう。横軸Xは、右の方向に行くに従って調和のとれた、相助け合うという博愛、愛の思想が強くなります。

すると、このXY軸で仕切られた四つの部分が現れてきます。つまり、右上、左上、左下、右下の四つです。

そこで、まず現在の世相を見てみると、助け合うとか、共生するとか、博愛とかいう思想が欠落しているとよくいわれます。

にもかかわらず、進化発展する方向だけはものすごい加速度がついて、サイエンスの世界、物質的な世界はすばらしい発展を遂げています。

しかし、調和をはかる、助け合うという哲学が欠落していますから、横軸では、交差するゼロ点より左側のほうにしか、力は働いていません。

そして、進化発展する方向に力が強いのですから、我々は左上のエリアにいるということになります。

この左上の世界は何なのかといいますと、たしかに物質的には豊かになったものの、一方では調和を保っていませんから、波瀾万丈《はらんばんじょう》です。

あるときには功なり名を遂げた人が急転直下、たちまち没落していく。弱肉強食の世界で、成功する人もあれば、成功したと思ったら、瞬く間に没落していく。

政治家の世界も、そういう波瀾万丈の人生を、わずか六十年、七十年という人生のなかで演じていかれる、

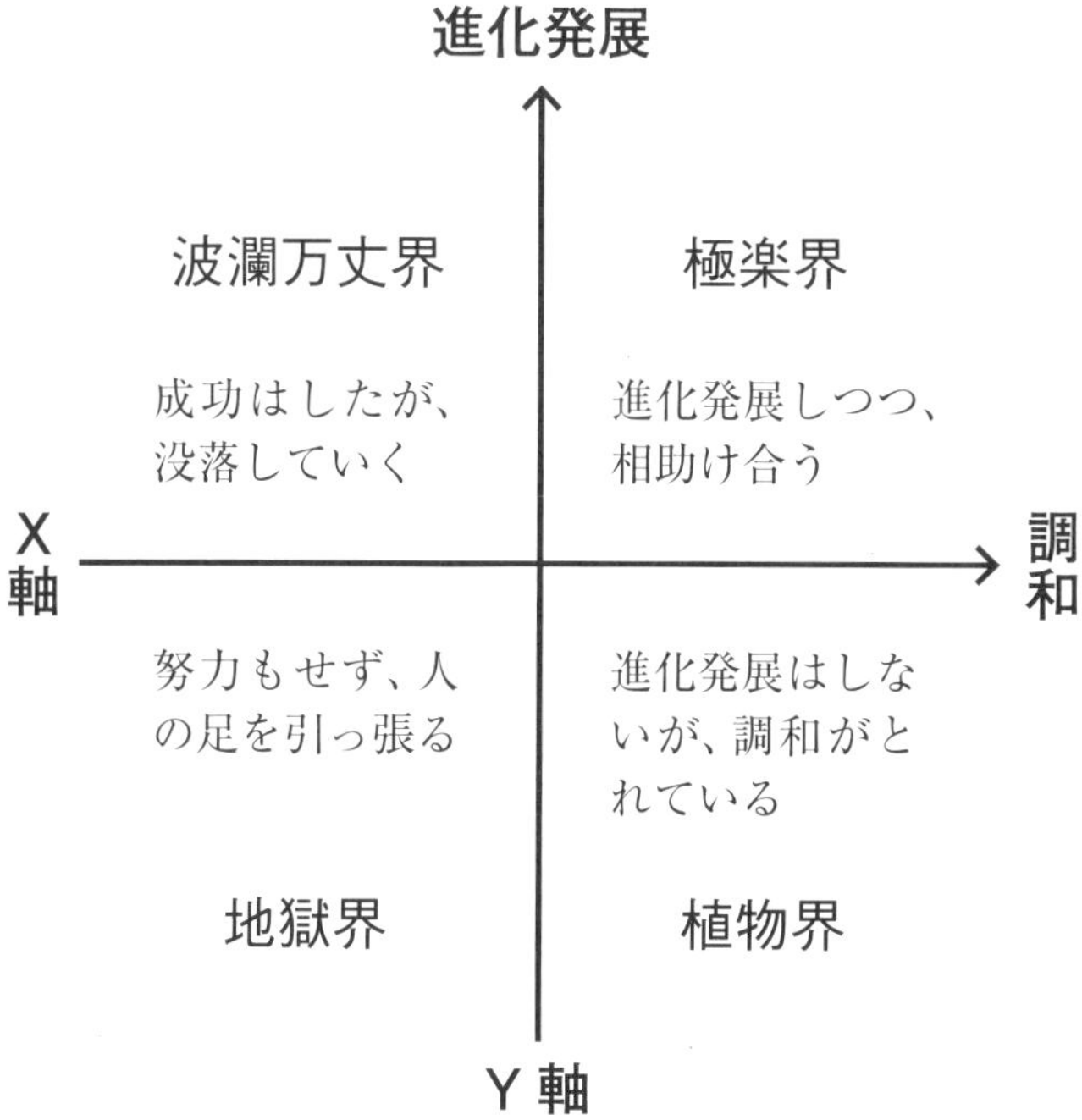

〈2つの力がつくり出す4つの世界〉

波瀾万丈の世界です。それは相助け合う力が弱いからなのです。

一方、左下のエリアはどうでしょう。進化発展もしない、努力もしない、向上もしない。そして相助け合うどころか、足を引っ張り合うという世界。これはまさに地獄の世界です。

進歩もしない、勉強もしない、努力もしない。そして人の足ばかり引っ張るという、とんでもない世界なのです。

では右下はどうか。調和をする、助け合うという意識は非常に強い。しかし、進化発展を遂げる方向にはあまり意欲を出していない。

考えてみると、これは植物界です。すばらしくバランスがとれて、平和で静寂ではあるけれども、ダイナミックな発展は遂げていません。

次に右上です。進化発展を遂げ、物質的な世界も繁栄するし、サイエンスの世界も繁栄しています。そしてみんなが仲よく生きていこうという相助け合う力、調和の力も強い世界です。

我々はどうしても、この右上のエリアに行かなければなりません。この二つの力が存在する宇宙のなかで、我々が住まなければならないところはそこなのです。

そのエリアに住むために引っ張っていくリーダーというのは、それだけの見識をもち、能力を私物化することなく、集団のために惜しみなくその能力を注入して、集団を幸せにしていく。相助け合う利他の心をもって集団を引っ張るのが、リーダーでなければならないのです。

リーダーとか責任者というものは、たしかにみな偉くなりたいという欲望をもつものですが、偉ぶりたいという欲望とは別に、集団を助ける、集団のために奉仕をすることに喜びを感じられる崇高な心根をもった人でなければ務まりません。

しかし、そんな崇高な心根など、誰ももっていません。それは自分自身に、理性で言い聞かせなければできないことなのです。

本来、魂そのものは、そういう崇高なものをもっているのですが、我々は魂の存在を、肉体の奥深く埋蔵させてしまっています。

我々が気づくには、脳細胞にもっている理性を使って、そうであってはならん、ということを自分自身に言い聞かせる以外にないでしょう。

今日私が話したことを、そうした理性でもって理解していただきたい。そして常日頃、自分自身に鞭打《むちう》って、自分自身の反省をする、そういう方向に仕向ける強い意志が必要です。

生き方の神髄 5

稲盛和夫箴言集

41.

リーダーの条件の第一は、「無私」である。このことは、時代や組織の規模を超えた普遍の真理だ。

（『人生の王道』）

42.

人間はもちろんのこと、森羅万象、あらゆるものに存在する理由がある。道端に生えている雑草一本、石ころ一つにしても、存在する必然性がある。しかし、考えることができる人間は、たんに存在する以上の価値を生み出すことができる。それが世のため人のために尽くすことだ。

（『稲盛和夫の哲学』）

43.

どのようにすぐれた能力も、それが生み出した成果も、私に属しながら私のものではない。才能や手柄を私有、独占することなく、それを人様や社会のために使う。つまり、おのれの才を「公」に向けて使うことを第一義とし、「私」のために使うのは第二義とする。謙虚という美徳の本質はそこにある。

（『生き方』）

44.

リーダーとは、全き人格者でなければならない。人格というものは、つねに変化するものである。人は、成功してちやほやされれば、高慢になり、自分を見失うものである。つねに自らを律し、研鑽《けんさん》を積んでいなければ、高潔な人格というのは維持できない。あらゆるリーダーは、集団を正しい方向に導くため、能力があり、仕事ができるだけでなく、自己研鑽に努め、心を高め、心を磨き、すばらしい人格をもった人にならなければならない。

（『アメーバ経営』）

45.

組織はそのリーダーの「器」以上のものにはならない。なぜなら、その生き方、考え方、また心に描いている思いがそのまま、組織や集団のあり方を決めていくからだ。したがって、リーダーにもっとも大切な資質は何かと問われれば、私は迷いなく、それは〝心〟であると答える。あるいは人格、人間性といいかえてもよいかもしれない。

（『心。』）

46.

リーダーにとって大切なのは、周囲の人たちに目標をはっきりと指し示し、自分がシミュレーションしたことを説明して、それが成功すると信じ込ませる雰囲気をつくることだ。リーダーだけがそう思っているのではなく、集団のなかにいる全部の人たちが、それがまぎれもなく成功するのだと信じ込むところまで、みなの雰囲気をつくりあげていくことが大事である。

（『誰にも負けない努力』）

47.

リーダーが本気になって、先頭に立って走り続ければ、多少不安があっても人はついてくる。逆に、ついてくる人がいるから、リーダーも勇気をもって前に進める。

（『人類を救う哲学』）

48.

リーダーたるべき人は、中国の古典にあるように、「偽」「私」「放」「奢《しゃ》」、この四つの思いから離れた人間でなくてはならない。すなわち、偽りがあってはならないし、利己的であってはならないし、わがままであってはいけないし、奢《おご》りの心があってはならない。かんたんにいえば、リーダーとなるべき人は、「私」がなく、人格高潔な人でなくてはならない。

（『日本への直言』）

49.

宇宙には、一瞬たりとも停滞することなく、すべてのものを生成発展させてやまない意志と力、もしくは気やエネルギーの流れのようなものが存在する。しかもそれは「善意」によるものであり、人間をはじめとする生物から無生物に至るまで、いっさいを「善き方向」へ向かわせようとしている。

(『生き方』)

50.

宇宙の意志、サムシング・グレート、創造主の見えざる手。呼び方は何でもいいのだが、そうした科学のものさしでは測れない不可知な力と知の存在を信じ、日々を生きていったほうがいいと私は考えている。それが人生の成否を決するばかりでなく、人間から傲慢の悪を消し、謙虚という徳と善をもたらすからだ。

(『生き方』)

出典（47.を除き、稲盛和夫著・一部改変したものがあります）

41．『人生の王道』32、33Ｐ（日経ＢＰ社）

42．『稲盛和夫の哲学』８～11Ｐ（ＰＨＰ研究所）

43．『生き方』128、129Ｐ（サンマーク出版）

44．『アメーバ経営』83Ｐ（日経ＢＰ社）

45．『心。』167、168Ｐ（サンマーク出版）

46．『誰にも負けない努力』12Ｐ（ＰＨＰ研究所）

47．『人類を救う哲学』198Ｐ（梅原 猛・稲盛和夫著　ＰＨＰ研究所）

48．『日本への直言』30、31Ｐ（ＰＨＰ研究所）

49．『生き方』220、221Ｐ（サンマーク出版）

50．『生き方』225、226Ｐ（サンマーク出版）

稲盛和夫（いなもり・かずお）　一九三二年、鹿児島生まれ。鹿児島大学工学部卒業。五九年、京都セラミック株式会社（現・京セラ）を設立。社長、会長を経て、九七年より名誉会長。また、八四年に第二電電（現・ＫＤＤＩ）を設立、会長に就任。二〇〇一年より最高顧問。一〇年には日本航空会長に就任。代表取締役会長、名誉会長を経て、一五年より名誉顧問。一九八四年には稲盛財団を設立し、「京都賞」を創設。毎年、人類社会の進歩発展に功績のあった人々を顕彰している。著書に『生き方』『心。』『京セラフィロソフィ』（いずれも小社）、『働き方』（三笠書房）、『考え方』（大和書房）など、多数。

稲盛和夫オフィシャルホームページ
https://www.kyocera.co.jp/inamori/

リーダーとしてのあり方

二〇二一年　二月　五日　初版印刷
二〇二一年　二月二十日　初版発行

著　者　稲盛和夫
発行人　植木宣隆
発行所　株式会社　サンマーク出版
〒一六九―〇〇七五
東京都新宿区高田馬場二―一六―一一
（電）〇三―五二七二―三一六六
印刷　共同印刷株式会社
製本　株式会社若林製本工場

ISBN 978-4-7631-9835-8 C0030
ホームページ　https://www.sunmark.co.jp

【稲盛ライブラリーのご案内】

「稲盛ライブラリー」は、稲盛和夫の人生哲学、経営哲学である京セラフィロソフィを学び、継承・普及することを目的に開設されています。稲盛の人生哲学、経営哲学をベースに、技術者、経営者としての足跡や様々な社会活動を紹介しています。

■所在地　〒612-8450 京都市伏見区竹田鳥羽殿町9番地
（京セラ本社ビル南隣り）

■開館時間　午前10時〜午後5時

■休館日　土曜・日曜・祝日および京セラ休日

■ホームページ

https://www.kyocera.co.jp/company/csr/facility/inamori-library/

稲盛和夫

CD付き講話シリーズ

どう生きるか なぜ生きるか

人にはそれぞれ運命がある。しかし、それをくつがえし、自らの人生を切り拓く力を誰もが秘めている。人生の意味と人が目指すべき生き方を指南する。

◎人生を動かす運命という力
◎「因果応報の法則」は運命をも変える
◎波瀾万丈の人生をいかに生きるか
◎お釈迦さまの教えを人生に生かす

経営に求められる力

経営者は「三つの力」――自力、他力、そして偉大なる〝自然の力〟を身につけよ！　経営者としての歩みのなかで紡ぎ出された、究極の経営論。

◎経営者がもつべき「自力」とは何か
◎自分の分身となる「他力」を手に入れる
◎偉大な自然の力を味方につける